AF370074

VENTE DU VENDREDI 9 DÉCEMBRE 1898

HOTEL DROUOT, SALLE N° 7

à deux heures

OBJETS D'ART

ET

D'AMEUBLEMENT

PORCELAINES, OBJETS DE VITRINE

Bijoux, Éventails

OBJETS VARIÉS, BRONZES

MEUBLES

Le tout ayant appartenu à feu Madame la Marquise de C.

EXPOSITION PUBLIQUE

LE JEUDI 8 DÉCEMBRE 1898

DE 1 HEURE 1/2 A 5 HEURES 1/2

COMMISSAIRE-PRISEUR	EXPERTS
Mᵉ PAUL CHEVALLIER	**MM. MANNHEIM**
10, rue Grange-Batelière, 10	7, rue Saint-Georges, 7

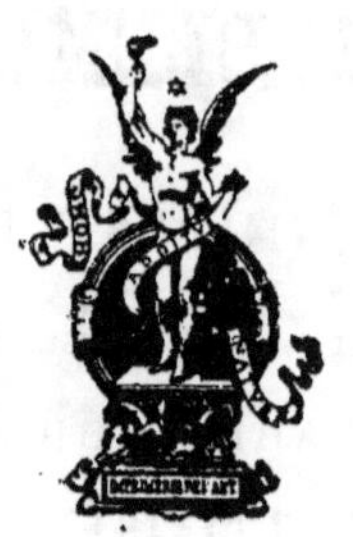

CONDITIONS DE LA VENTE

Elle sera faite au comptant.

Les acquéreurs paieront *cinq pour cent* en sus des adjudications.

L'exposition mettant le public à même de se rendre compte de l'état et de la nature des objets, il ne sera admis aucune réclamation une fois l'adjudication prononcée.

Paris — Imp. de l'Art, E. Moreau et Cie, 41, rue de la Victoire.

DÉSIGNATION DES OBJETS

PORCELAINES ET FAIENCES

1 — Paire de girandoles à cinq lumières, formées chacune d'un vase ovoïde, en ancienne porcelaine de Chine, à décor doré sur fond bleu. Montures en bronze doré de style Louis XVI.

2 — Cornet en ancienne porcelaine de Chine, famille rose : fleurs.

3 — Pot à eau en ancienne porcelaine de Chine, décor bleu : oiseaux et fleurs.

4 — Cornet en ancienne porcelaine de Chine, décor bleu de pendentifs.

5 — Vase en ancienne porcelaine de Chine, famille verte, à décor de rochers sur fond simulant les flots de la mer.

6 — Potiche en ancienne porcelaine de Chine, décor bleu : feuilles et grappes de raisin.

7 — Paire de vases en ancienne porcelaine de Chine, fa-

mille rose : décor de fleurs sur fond bleu. Montures en bronze.

8 — Plat creux en ancienne porcelaine du Japon, orné d'un oiseau.

9 — Deux petits vases en ancienne porcelaine de Sèvres, pâte dure, émaillée bleu de roi avec rehauts de dorure. — Année 1785.

10 — Paire de cache-pots en ancienne porcelaine dure de Sèvres, à décor de fleurs.

11 — Tasse droite et sa soucoupe en ancienne porcelaine dure de Sèvres, décor de guirlandes dorées.

12 — Deux médaillons en ancien biscuit de Sèvres : bustes de Louis XVI et de Marie-Antoinette.

13 — Buste d'homme en biscuit de Sèvres ; piédouche en porcelaine émaillée bleu.

14 — Deux petits bustes d'hommes en biscuit ; pieds en marbre.

15 — Cache-pot en ancienne porcelaine de Boissette, à décor de fleurs.

16 — Jardinière oblongue, même porcelaine.

17 — Cache-pot en ancienne porcelaine de Paris, à décor de fleurs.

18 — Jardinière, décorée de bleuets, en ancienne porcelaine de Paris.

19 — Deux petits de crème, même porcelaine.

20 — Tasse et sa soucoupe en ancienne porcelaine de Saxe, à décor de fleurs.

21 — Broc en faïence de Rhodes.

22 — Deux sucrières en ancienne faïence de Niederwiller, à décor de marines en camaïeu rose sur fond jaune.

23 — Paire de cornets : médaillons-bustes et feuillages. Faïence italienne.

ORFÈVRERIE, OBJETS DE VITRINE, BIJOUX

24 — Vidrecome cylindrique à anse et couvercle en argent partiellement doré, à sujet tiré de la Bible ; bouton du couvercle formé d'un cygne. Ancien travail allemand.

25 — Vidrecome analogue au précédent.

26 — Coffret plaqué d'argent partiellement doré, à figures allégoriques. Travail allemand.

27 — Coupe à anse en argent. Maison Odiot. Armoriée.

28 à 30 — Trois bracelets variés, or et pierres de couleur, l'un d'eux formé de bagues juxtaposées.

31 — Médaillon rond, or gravé, à sujets saints.

32 — Croix suspendue par des chaînettes reliées par quatre petites plaques, or émaillé.

33 — Pendentif, forme croix, or et petits diamants, formé de rinceaux.

34 — Deux croix normandes, or.

35 — Croix, or et argent, enrichie de petits diamants.

36 — Deux petits bracelets en filigrane d'or, à petites rosaces.

37 — Deux broches, or, enrichies de petites émeraudes. XVIIIe siècle.

38 — Petit pendentif, forme croix, filigrane d'or, orné d'un monogramme.

39 — Médaillon pendentif, camée, monté or émaillé.

40-41 — Cinq bagues : quatre montées or, et une, argent.

42 — Médaillon, miniature : portrait de Louis XVIII, monté or.

43 — Petite clé, or.

44 — Croix en filigrane d'or émaillé.

45 — Parure de corsage, or émaillé, formée de médaillons reliés par des chaînettes.

46 — Pendentif, or émaillé, formé de deux petites plaques et d'un motif de forme contournée.

47 — Deux broches, or, formées de trois petits médaillons juxtaposés.

48 — Cassolette, or émaillé.

49 — Deux cachets, or. XVIIIe siècle.

50 — Pendentif orné d'un cœur et de flèches, filigrane d'or. XVIIIe siècle.

51 — Pendentif, or émaillé blanc et noir.

52 — Pendentif, or émaillé, décor de fleurettes.

53 — Pendentif, forme croix, or et grenats. XVIIIe siècle.

54 — Croix, or, ornée de cinq motifs en relief.

55 — Deux flacons à sels en verre, montés or et or émaillé.

56 — Croix reliquaire, filigrane d'argent doré. XVIIIe siècle.

57 — Croix, enrichie de petites roses montées argent. XVIIIe siècle.

58 — Étui cylindrique, cuivre émaillé, décor de fleurs en camaïeu rose. XVIIIe siècle.

59 — Étui-nécessaire en cuivre émaillé, à fond bleu : personnages.

60 — Étui nécessaire revêtu de chagrin et garni de cuivre. XVIIIe siècle.

61 — Étui-nécessaire en argent, à motifs rocaille.

62 — Étui cylindrique en ivoire : amours et motifs rocaille. XVIIIe siècle.

63 — Châtelaine en cuivre, à décor d'attributs et fleurettes. Époque Louis XVI.

64 — Crochet de suspension, cuivre. XVIIIe siècle.

65 à 70 — Vingt-neuf paires de boucles d'oreilles, or, quelques-unes enrichies de perles et pierres de couleur.

71-72 — Quatre paires de boucles d'oreilles, argent doré et argent, pierres de couleur, émail.

73 — Neuf paires de boucles d'oreilles, cuivre, pierres de couleur, etc.

74 — Sac en velours noir, à fermoir d'acier.

75 — Face à main, argent doré.

76 — Deux crochets de suspension en argent. XVIIIe siècle.

77 — Deux boîtes variées en agate.

78 — Étui à ciseaux en fer gravé : armoiries et fleurs.
XVIIe siècle.

79 — Bonbonnière en ivoire, ornée d'un bas-relief à sujet de
marine.

80 — Bonbonnière en ivoire, décorée d'un bouquet de fleurs
en bas-relief.

ÉVENTAILS

81 — Éventail Louis XVI, à monture d'ivoire ajouré et doré ;
feuille peinte, à sujet champêtre.

82 — Éventail Louis XVI, à monture d'ivoire ajouré et doré ;
feuille de soie peinte : personnages, fleurs et paillettes.

83 — Éventail Louis XV, à monture d'ivoire ; feuille peinte,
à sujet biblique.

84 — Éventail, à monture de nacre dorée ; feuille peinte, à
sujet allégorique à l'hymen.

OBJETS VARIÉS

85 — Deux boîtes lenticulaires godronnées en jade gris de
la Chine.

86 — Petit écran en bois ajouré et sculpté, à décor de rinceaux contenant quatre plaques en ancien émail cloisonné. Chine.

87 — Aiguière en ancien émail de Canton.

88 — Deux petits socles à étagères en bois sculpté. Travail chinois.

89 — Coffret plaqué d'os ajouré, à fleurs et carrelages. Chine.

90 — Statuette de femme debout tenant un écran; ivoire japonais.

91 — Boîte en laque du Japon : arbustes et armoiries sur fond noir.

92 — Boîte en laque du Japon en contenant cinq autres, fond noir.

93 — Deux pièces : petite boîte carrée à compartiments superposés en laque, à décor de paysages ; et petite boîte longue en écaille laquée. Japon.

94 — Deux coffrets variés en marqueterie de Bombay.

95 — Coffret plaqué d'écaille et décoré de plaques d'émail peint à fleurs. XVIIe siècle.

96 — Cassolette rectangulaire en cuivre ajouré et doré, animaux et mascarons. XVIIe siècle.

97 — Boîte plaquée d'os gravé, à fleurs et paysage.

PENDULES ET BRONZES

98 — Pendule Louis XV en bronze patiné et doré, formée d'un éléphant supportant le mouvement, surmonté d'une figurine d'enfant.

99 — Petite pendule Louis XVI en bronze : le faiseur de tours.

100 — Paire de flambeaux Louis XIV en bronze doré, à médaillons bustes et draperies.

101 — Paire de flambeaux-balustres en bronze.

102 — Paire de bras-appliques Louis XVI, à deux lumières en bronze, à têtes de béliers.

103 — Paire de chenets en bronze, modèle à galerie.

MEUBLES

104 — Bureau plat Louis XIV en marqueterie d'écaille et de cuivre, à décor de personnages, quadrillés, rinceaux,

fleurs, animaux, etc.; il contient plusieurs tiroirs et repose sur huit pieds reliés par des croisillons.

105 — Meuble, à deux corps, en noyer sculpté, fermant à quatre portes, contenant deux tiroirs et une tablette mobile; décor de cariatides, figures de guerriers, mascacarons, palmettes, draperies et rinceaux; fronton à motif architectural. Fin du xvie siècle.

106 — Grand buffet Henri II en bois sculpté.

107 — Commode Louis XVI en acajou, garni de bronzes; dessus de marbre blanc.

108 — Console Louis XVI en acajou, à un tiroir; dessus de marbre, galerie de cuivre.

109 — Canapé et six fauteuils Louis XVI en bois sculpté, laqué blanc et doré, couverts en damas rouge.

110 — Six fauteuils en bois sculpté et laqué blanc, de la fin du xviiie siècle; ils ont été recouverts d'étoffe verte et violette.

111 — Bergère Louis XVI en bois laqué blanc; elle a été recouverte d'étoffe marron.

112 — Chaise Empire en acajou, garnie de bronzes et couverte d'étoffe rouge.

113 — Deux petites consoles en bois sculpté et doré, à cein-

ture ornée de rosaces et sur pieds cannelés ; dessus de marbre ranz. Style Louis XVI.

114 — Vitrine plate, montée en cuivre, sur table, de style Louis XVI, en bois sculpté, peint blanc et doré, à pieds cannelés reliés par un croisillon.

115 — Table en marqueterie, genre Boule, cuivre sur écaille, à décor de personnages, amours, animaux, guirlandes et rinceaux ; garnitures de bronze.

116-117 — Quatre meubles d'entre-deux en marqueterie, genre Boule, garnis de bronzes ; portes vitrées.

118 — Table en bois noir et marqueterie de bois de couleur.

119 — Table en marqueterie de bois de couleur, sur fond noir.

120 — Bureau à dos d'âne en marqueterie de bois de couleur, à quadrillé.

121 — Deux grandes jardinières, chêne sculpté, genre Renaissance.

122 — Canapé, genre Renaissance.

123 — Sous ce numéro, meubles courants.